El valor de la justicia para Don Quijote de la Mancha

El valor de la justicia para Don Quijote de la Mancha

Javier Nistal Burón

Criminología y Justicia Editorial

Palma de Mallorca

Edita: Criminología y Justicia.

www.crimyjust.com

direccion@crimyjust.com

ISBN: 1482510375
ISBN: 978-1482510379

Año 2ª Edición: Febrero 2017

Diseño de portada: Yolanda Rodríguez

"Dedicado a mis hermanos Gelo y Amelia"

Contenido

Presentación   ix

TÍTULO I. LAS SOÑADAS INVENCIONES DE
UN CABALLERO ANDANTE

El romanticismo de Don Quijote como el   3
impulsor de su brazo

La mujer como aliciente de las aventuras de   16
Don Quijote

TÍTULO II. EL SENTIDO JUSTICIERO DE DON
QUIJOTE

La realidad penal en el siglo XVI   29

La percepción del delincuente para Don   32
Quijote de la Mancha

La vida de Don Quijote al servicio del bien   38

TÍTULO III. EL IDEALISMO JURÍDICO DE DON
QUIJOTE DE LA MANCHA Y EL REALISMO
SOCIAL DE SU ÉPOCA

Bibliografía   55

Sobre el autor   57

Novedades editoriales   59

Presentación

La segunda edición de este trabajo publicado, por primera vez, en 2014 con el título "El valor de la justicia para Don Quijote de la Mancha", con una mayor amplitud y con algunos añadidos novedosos ahora, pretende ser mejor que la Primera edición, tal y como ocurrió con la segunda Parte de la Obra de Cervantes "El Ingenioso Hidalgo Don Quijote de la Mancha", convirtiendo en una excepción esa regla general de que "segundas partes nunca fueron buenas".

Sin duda, quien lea el título de este libro, se estará preguntado por el interés que pueda tener en el año 2017, evocar las ideas y pensamientos que Miguel de Cervantes puso en boca de Don Quijote, hace ya más de cuatro siglos. Sin embargo, el lector debe saber que una de las notas más relevantes de esta genial obra "El Ingenioso Hidalgo Don Quijote de la Mancha" es, precisamente, la de su contemporaneidad, al encontrase en ella intereses actuales y problemas humanos casi siempre vigentes, entre otros y por lo que se refiere al título de este libro, la defensa desinteresada y generosa por nuestro caballero andante de todas las causas justas con las que se topa en sus muchas andanzas caballerescas.

Y es que la genialidad y la universalidad de la obra literaria "El Ingenioso Hidalgo D. Quijote de La Mancha" -la obra más difundida en el mundo después de la Biblia y el Corán- hace que la misma se configure como una obra tan ampliamente plural, que permite interpretaciones desde los más variados puntos de vista, como alguien ha dicho y, con toda razón, "Don Quijote" es un libro tan grande que cada uno puede encontrar en él lo que le dé la gana". Esta posibilidad ha supuesto que hayan sido muchos los que, en todo tiempo y lugar, se hayan acercado al estudio y al comentario de tan importante obra literaria. Prácticamente, pudiera decirse que se han agotado las posibilidades de su examen, exégesis o análisis, y resulta casi un atrevimiento y acaso una osadía intentar, por mi parte, comentar alguno de sus pasajes. Apuntado esto en mi descargo, yo, que he sido siempre un ferviente lector de esta excepcional obra, no he podido sustraerme a la idea de hacer mi modesta aportación sobre un tema que por mi formación y actividad profesional me es tan cercano, cual es el tema del delito y el delincuente, del que también el autor de esta obra -Miguel de Cervantes Saavedra- era un buen conocedor. Conocimientos que plasmó con ingenio crítico -adelantándose una vez más a su época- no sólo en esta obra del "Quijote" sino también en otras, como "Rinconete y Cortadillo", la que sin duda se podría calificar de un verdadero Tratado de Criminología.

En esta segunda edición sobre el "valor de la justicia para Don Quijote de la Mancha" pretendo hacer una semblanza del idealismo con el que piensa y actúa nuestro Caballero andante, desde la doble perspectiva del "hombre cuerdo" que es Alonso Quijano y del "hombre loco" que, como caballero andante, actúa Don Quijote. Y es que Don Quijote de la Mancha tiene una doble personalidad con la que confunde y sorprende a sus interlocutores.

Una personalidad como Alonso Quijano. Un Hidalgo manchego, culto y sensato, capaz de razonar adecuadamente ante los acontecimientos que le rodean y de dar sabios consejos a aquellas personas con las que comparte su vida; otra personalidad bien distinta es la que tiene como Don Quijote, un caballero andante, loco e insensato capaz de transmutar la realidad de las cosas y convertirlas en irrealidades, que solamente existen en su cabeza. Empezando por sí mismo que se transmuta de Hidalgo –de los de lanza en astillero, adarga antigua, rocín flaco y galgo corredor- ya entrado en años -entorno a los 50- que, no está ya para otra cosa que no sea la de cuidar de su menguada hacienda, en un valiente caballero andante, fuerte y aguerrido, capaz de enfrentarse a las más arriesgadas aventuras y correr los más temibles peligros, sin que le tiemble su fuerte brazo.

Es capaz de convertir unos simples molinos de viento en descomunales gigantes, una humilde venta en un fortificado castillo, unas cortesanas en princesas, pero quizás su mayor y mejor transmutación de la realidad haya sido la de convertir en real un amor imaginario, el que profesó a su dama "Dulcinea del Toboso", a la que convierte en la fuerza de su brazo en todas sus aventuras y desventuras; por ese amor imaginario, que Don Quijote atesora en su corazón, soportará, pacientemente, los frecuentes molimientos que le propinan sus adversarios, los golpes, las magulladuras, las burlas e incomprensiones de las gentes con las que se va topando en su vagar caballeresco, y las muchas derrotas que sufre en sus desventuradas.

Este idealismo de Don Quijote también lo traslada a su

vida profesional -la de caballero andante- que consiste en valer a los que poco pueden, vengar a los que reciben tuertos y castigar alevosías (I, 17); perdonar a los humildes y castigar a los soberbios, acorrer a los miserables y destruir a los rigurosos (II, 52); con ánimo deliberado de ofrecer su brazo y su persona a las más peligrosas aventuras que la suerte le depara en ayuda de los flacos y menesterosos (I, 13). Esta es la profesión del "Don Quijote" hacer el bien sin mirar a quien.

EL AUTOR

TÍTULO I. LAS SOÑADAS INVENCIONES DE UN CABALLERO ANDANTE

El romanticismo de Don Quijote como el impulsor de su brazo

Nadie puede poner en duda que nuestro afamadísimo caballero andante Don Quijote de la Mancha es el paradigma de los hombres enamorados, él lo sabe muy bien y presume de ello. Lo comprobamos en el Capítulo XXII de la Primera Parte, de la obra cervantina "El Ingenioso Hidalgo Don quijote de la Mancha" -el conocido como el Capítulo de los Galeotes, (I, XXII)- donde tras interrogar Don Quijote al primero de estos Geleotes para informarse de las causas por las que va condenado a la pena de galeras, éste le contesta que por enamorado y Don Quijote le responde. *"¿Por eso no más? Pues, si por enamorados echan a galeras, días ha que pudiera yo estar bogando en ellas".* Este enamoramiento de Don Quijote suponía, ni más ni menos, que todas las aventuras en las que se embarcaba tuvieran como finalidad única la de servir a su dama "Dulcinea del Toboso", faro que guiaba sus aventuras y acicate de todas las peligrosas empresas que acometía.

1. Idealismo y realismo en la vida de Don Quijote

El enamoramiento de Don Quijote estaba adornado de las cualidades supremas que debería tener el amor humano: era casto, leal, sublime y desinteresado. Sin embargo, este enamoramiento, difícilmente alcanzable entre los humanos, en los términos que lo vivía nuestro caballero andante, no era otra cosa que un simple producto de su imaginación, algo que un caballero andante necesitaba para ser tal, como necesitaba un rocín, una armadura y/o un escudero. Y es que la condición de caballero andante le impone a Don Quijote la obligación de entronizar en su corazón una gran dama en cuyo servicio serán todas sus andanzas caballerescas. Esta necesidad, que no es otra cosa que un símbolo dentro del mundo creado por Alonso Quijano cuando decide ser caballero andante e ir por los caminos buscando aventuras, lo podemos comprobar en este pasaje del Capítulo I de la Primera Parte de la obra de Cervantes "El Ingenioso Hidalgo D. Quijote de La Mancha":

"Limpias pues sus armas, hecho del morrión celada, puesto nombre a su rocín y confirmándose a sí mismo, se dio a entender que no le faltaba sino buscar una dama de quien enamorarse; porque el caballero andante sin amores era árbol sin hojas y sin fruto y cuerpo sin alma". I, I.

Algo que también traslucimos en la conversación que Don Quijote tiene con Sancho en el Capítulo XXXI de la Primera Parte:

"¡Oh, qué necio y qué simple que eres! -dijo don Quijote-. ¿Tú no ves, Sancho, que eso todo redunda en su mayor ensalzamiento? Porque has de saber que en este nuestro estilo de caballería es gran honra tener una dama muchos caballeros andantes que la sirvan, sin que estiendan más sus pensamientos que a servilla por sólo ser ella quien es, sin esperar otro premio de sus muchos y buenos deseos sino que ella se contente con acetarlos por sus caballeros." I, XXXI.

Y es que los caballeros andantes necesitaban una dama, que venía a ser como su talismán, su amuleto de la suerte, a quien debían encomendarse en sus peligrosas aventuras para salir bien parados de las mismas. Así, lo podemos comprobar en el Capítulo VIII de la Segunda Parte, cuando Don Quijote decide ir al Toboso a ver a Dulcinea:

> *"Sancho amigo, la noche se nos va entrando a más andar, y con más escuridad de la que habíamos menester para alcanzar a ver con el día al Toboso, adonde tengo determinado de ir antes que en otra aventura me ponga, y allí tomaré la bendición y buena licencia de la sin par Dulcinea con la cual licencia pienso y tengo por cierto de acabar y dar felice cima a toda peligrosa aventura, porque ninguna cosa desta vida hace más valientes a los caballeros andantes que verse favorecidos de sus damas." II, VIII.*

Esta protección que se suponía que las damas proporcionaban a sus Caballeros enamorados conllevaba dos consecuencias. La primera, las constantes invocaciones a la dama de la que estaban enamorados dichos caballeros andantes para que les protegiera antes de entrar en batalla, o de dar comienzo a alguna de sus peligrosas aventuras. En el caso de Don Quijote estas invocaciones protectoras a su Dulcinea están presentes en innumerables aventuras, entre las que podemos citar a título de ejemplo las siguientes.

En el Capítulo III de las Primera Parte, mientras vela sus armas en la Venta antes de ser armado caballero:

> *"Acorredme, señora mía, en esta primera afrenta que a este vuestro avasallado pecho se le ofrece; no me desfallezca en este primero trance vuestro favor y amparo" "¡Oh, señora de la fermosura, esfuerzo y vigor del debilitado corazón mío!, ahora es tiempo que vuelvas los ojos de tu grandeza a este tu cautivo caballero, que tamaña aventura está atendiendo!" I, III.*

En el Capítulo VIII de la Primera Parte, en la famosísima aventura de los molinos de viento:

"Y diciendo todo esto y encomendándose de todo corazón a su señora Dulcinea, pidiéndole que en tal trance le socorriese, bien cubierto de su rodela, con la lanza en el ristre, arremetió a todo el galope de Rocinante y embistió con el primero molino que estaba delante; y, dándole una lanzada en el aspa, la volvió el viento con tanta furia que hizo la lanza pedazos, llevándose tras sí al caballo y al caballero, que fue rodando muy maltrecho por el campo. Acudió Sancho Panza a socorrerle, a todo el correr de su asno, y cuando llegó halló que no se podía menear: tal fue el golpe que dio con él Rocinante." I, VIII.

En el Capítulo XXV de la Primera Parte, cuando Don Quijote se retira a hacer penitencia en Sierra Morena:

"¡Oh Dulcinea del Toboso, día de mi noche, gloria de mi pena, norte de mis caminos, estrella de mi ventura, así el cielo te la dé buena en cuanto acertaras a pedirle, que consideres el lugar y estado a que tu ausencia me ha conducido, y que con buen término correspondas al que a mi fe se le debe!" I, XXV.

En el Capítulo XXII de la Segunda Parte, en el episodio de la cueva de Montesinos:

"¡Oh señora de mis acciones y movimientos, clarísima y sin par Dulcinea del Toboso! Si es posible que lleguen a tus oídos las plegarias y rogaciones deste tu venturoso amante, por tu inaudita belleza te ruego que las escuches; que no son otras que rogarte no me niegues tu favor y amparo, ahora que tanto lo he menester. Yo voy a despeñarme, a empozarme y a hundirme en el abismo que aquí se me representa, sólo porque conozca el mundo que si tú me favoreces, no habrá imposible a quien yo no acometa y acabe." II, XXII.

La segunda, en el ofrecimiento de sus aventuras a sus damas y la remisión a las mismas de los éxitos que obtenían en las muchas aventuras que acometían. Esta es la pretensión de Don Quijote cuando hace esta reflexión en el Capítulo I de la Primera Parte:

"Si yo, por malos de mis pecados, o por mi buena suerte, me encuentro por ahí con un gigante como de ordinario les acontece a los caballeros andantes, y le derribo de un encuentro, o le parto

por mitad del cuerpo, o, finalmente, le venzo y le rindo,, ¿no será
bien tener a quien enviarle presentado y que entre y se hinque de
rodillas ante mi dulce señora y diga con voz humilde y rendido:
"Yo, señora, soy el gigante Caraculiambro, señor de la ínsula
Malindrania, a quien venció en singular batalla el jamás como
se debe alabado caballero don Quijote de la Mancha, el cual me
mandó que me presentase ante vuestra merced, para que la vues-
tra grandeza disponga de mí a su talante"? I, I.

Este pensamiento de Don Quijote lo ha de llevar a cabo
en algunas de las múltiples aventuras que emprende, de
tal forma que a los vencidos y/o a los favorecidos por
su fuerte brazo les impone como obligación la de pre-
sentarse ante su señora Dulcinea, bien es verdad que la
mayoría de las veces sin mucho éxito, como le ocurre
en la citada aventura de los Galeotes del Capítulo XXII
de la Primera Parte:

"De gente bien nacida es agradecer los beneficios que reciben,
y uno de los pecados que más a Dios ofende es la ingratitud.
Dígolo porque ya habéis visto, señores, con manifiesta experien-
cia, el que de mí habéis recebido; en pago del cual querría, y es mi
voluntad, que, cargados de esa cadena que quité de vuestros cue-
llos,...luego os pongáis en camino y vais a la ciudad del Toboso y
allí os presentéis ante la señora Dulcinea del Toboso, y le digáis
que su caballero, el de la Triste Figura se le envía a encomendar,
y le contéis, punto por punto, todos los que ha tenido esta famosa
aventura hasta poneros en la deseada libertad; y, hecho esto, os
podréis ir donde quisiéredes, a la buena ventura." I, XXII.

2. La ilusión como engaño

El amor de Don Quijote por su dama es platónico, por
ello no le importan mucho los atributos físicos de aquella, hasta tal punto que fija su enamoramiento en una
persona de carne y hueso, que no es otra que una labradora de un pueblo vecino de nombre Aldonza Lorenzo,
poco agraciada físicamente, pero a Don Quijote esto de
la un poco igual, porque él no la quiere para otra cosa
que para idealizarla en sus pensamientos de enamo-

rado. Nos lo pone de manifiesto cuando discute con Sancho sobre el linaje de su dama en el Capítulo XXV de la Primera Parte:

> *"Así que, Sancho, por lo que yo quiero a Dulcinea del Toboso, tanto vale como la más alta princesa de la tierra. Sí, que no todos los poetas que alaban damas, debajo de un nombre que ellos a su albedrío las ponen, es verdad que las tienen. ¿Piensas tú que las Amariles, las Filis, las Silvias, las Dianas, las Galateas las Alidas y otras tales de que los libros, los romances, las tiendas de los barberos, los teatros de las comedias, están llenos, fueron verdaderamente de carne y hueso y de aquellos que las celebran y celebraron? No, por cierto, que las más se las fingen por dar subjeto a sus versos y porque los tengan por enamorados y por hombres que tienen valor para serlo. Y así, básteme a mí pensar y creer que la buena de Aldonza Lorenzo es hermosa y honesta; y en lo del linaje, importa poco que no han de ir a hacer la información dél para darle algún hábito, y yo me hago cuenta que es la más alta princesa del mundo. Porque has de saber, Sancho, si no lo sabes, que dos cosas solas incitan a amar, más que otras, que son la mucha hermosura y la buena fama, y estas dos cosas se hallan consumadamente en Dulcinea, porque en ser hermosa, ninguna le iguala, y en la buena fama, pocas le llegan. Y para concluir con todo, yo imagino que todo lo que digo es así, sin que sobre ni falte nada, y píntola en mi imaginación como la deseo, así en la belleza como en la principalidad..." I, XXV.*

Así, don Quijote, concibe idealmente a Dulcinea y cambia la realidad en su imaginación, como lo demuestra esa expresión *"píntola en mi imaginación como la deseo"*, pues ni siquiera la conoce, dado que no la ha visto nunca. Lo comprobamos cuando le pide a su fiel Escudero, que le guíe al "Palacio de Dulcinea" en el Capítulo IX de la Segunda Parte:

> *"Tú me harás desesperar, Sancho -dijo don Quijote-. Ven acá, hereje: ¿no te he dicho mil veces que en todos los días de mi vida no he visto a la sin par Dulcinea, ni jamás atravesé los umbrales de su palacio, y que sólo estoy enamorado de oídas y de la gran fama que tiene de hermosa y discreta?". II, IX.*

Lógicamente, ese amor de Don Quijote por una dama

a la que nunca ha visto, hace que se ponga en duda la propia existencia de Dulcinea por algunas de las personas que con nuestro Caballero tratan. Es el caso de la Duquesa del Capítulo XXXII de la Segunda Parte, que le dice a nuestro caballero enamorado:

"No hay más que decir -dijo la duquesa-; pero si, con todo eso, hemos de dar crédito a la historia que del señor don Quijote de pocos días a esta parte ha salido a la luz del mundo, con general aplauso de las gentes, della se colige, si mal no me acuerdo, que nunca vuesa merced ha visto a la señora Dulcinea, y que esta tal señora no es en el mundo, sino que es dama fantástica, que vuesa merced la engendró y parió en su entendimiento, y la pintó con todas aquellas gracias y perfeciones que quiso. II, XXXII.

Nuestro Caballero andante ha hecho en su imaginación un retrato de su dama, adornado de todas las virtudes posibles, puesto que es el mismo quien la ha "pintado" como quiere que sea, tal y como la describe en el Capítulo XXXII de la Segunda Parte:

"En eso hay mucho que decir -respondió don Quijote-. Dios sabe si hay Dulcinea o no en el mundo, o si es fantástica o no es fantástica; y éstas no son de las cosas cuya averiguación se ha de llevar hasta el cabo. Ni yo engendré ni parí a mi señora, puesto que la contemplo como conviene que sea una dama que contenga en sí las partes que puedan hacerla famosa en todas las del mundo, como son: hermosa, sin tacha, grave sin soberbia, amorosa con honestidad, agradecida por cortés, cortés por bien criada, y, finalmente, alta por linaje, a causa que sobre la buena sangre resplandece y campea la hermosura con más grados de perfeción que en las hermosas humildemente nacidas..." II, XXXII.

Como vemos, Don Quijote obligado a seguir fielmente el ejemplo de los antiguos caballeros andantes, entre los cuales está el ser caballero enamorado de "la más alta princesa del mundo", adorna a su dama de esas más altas virtudes. Este amor de nuestro Caballero por su dama se puede enmarcar en el consabido tópico del "morir de amor", tal como lo podemos comprobar en la carta que Don Quijote dicta a su Escudero en el Capítulo XXV de la Primera Parte, cuando se retira a hacer penitencia por su dama, como era costumbre entre los caballeros andantes:

> *"Soberana y alta señora: El ferido de punta de ausencia y el llagado de las telas del corazón, Dulcísima Dulcinea del Toboso, te envía la salud que él no tiene. Si tu hermosura me desprecia, si tu valor no es en mi pro, si tus desdenes son en mi afincamiento, maguer [aunque] que yo sea asaz de sufrido, mal podré sostenerme en esta cuita, que, además de ser fuerte, es muy duradera. Mi buen escudero Sancho te hará entera relación, ¡oh bella ingrata, amada enemiga mía!, del modo que por tu causa quedo: si gustares de acorrerme, tuyo soy; y si no, haz lo que te viniere en gusto; que con acabar mi vida habré satisfecho a tu crueldad y a mi deseo.*
>
> *Tuyo hasta la muerte,*
>
> *El Caballero de la Triste Figura". I, XXV.*

Evidentemente, como no podía ser de otra manera, para un Caballero enamorado, como lo es Don Quijote, su dama es la más hermosa, nadie puede superar en belleza en este mundo, ni en el que viene a la sin par Dulcinea, como se pone de manifiesto con frecuencia en algunos comentarios de Don Quijote, como el que hace ante los mercaderes toledanos en el Capítulo IV de la Primera Parte.

> *"Y así, con gentil continente y denuedo, se afirmó bien en los estribos, apretó la lanza, llegó la adarga al pecho, y, puesto en la mitad del camino, estuvo esperando que aquellos caballeros andantes llegasen, que ya él por tales los tenía y juzgaba; y, cuando llegaron a trecho que se pudieron ver y oír, levantó don Quijote la voz, y con ademán arrogante dijo: Todo el mundo se tenga, si no confiesa que no hay en el mundo todo doncella más hermosa que la emperatriz de la Mancha, la sin par Dulcinea del Toboso". I, IV.*

3. La fidelidad como lealtad a los valores caballerescos

Don Quijote, como buen enamorado, no admite réplica a su amada; en verdad, no hay nada que más le hiera que el que se ponga en tela de juicio la belleza y/o la nobleza de su dama, lo manifiesta al vencer al bachiller Sansón Carrasco, disfrazado del Caballero de los Espejos en el Capítulo XIV de la Segunda Parte:

> *"En esto, volvió en sí el de los Espejos, lo cual visto por don Quijote, le puso la punta desnuda de su espada encima del rostro, y le dijo: Muerto sois, caballero, si no confesáis que la sin par Dulcinea del Toboso se aventaja en belleza a vuestra Casildea de Vandalia; y demás de esto habéis de prometer, si de esta contienda y caída quedárades con vida, de ir a la ciudad del Toboso y presentaros en su presencia de mi parte, para que haga de vos lo que más en voluntad le viniere; y si os dejare en la vuestra, asimismo habéis de volver a buscarme, que el rastro de mis hazañas os servirá de guía que os traiga donde yo estuviere, y a decirme lo que con ella hubiéredes pasado; condiciones que, conforme a las que pusimos antes de nuestra batalla, no salen de los términos de la andante caballería." II, XIV.*

También, Don Quijote saca la cara por su dama en las bodas del rico Camacho del Capítulo XXI de la Segunda Parte:

> *"Rióse don Quijote de las rústicas alabanzas de Sancho Panza; parecióle, que, fuera de su señora Dulcinea del Toboso, no había visto mujer más hermosa jamás. Venía la hermosa Quiteria algo descolorida, y debía de ser de la mala noche que siempre pasan las novias en componerse para el día venidero de sus bodas." II, XXI.*

Lo vuelve a hacer de nuevo, ante el reto del Caballero de la Blanca Luna (Sansón Carrasco) en la playa de Barcelona del Capítulo LXIV de la Segunda Parte:

> *"...Caballero de la Blanca Luna, cuyas hazañas hasta agora no han llegado a mi noticia, yo osaré jurar que jamás habéis visto a la ilustre Dulcinea, que si visto la hubiérades, yo sé que procu-*

rárades no poneros en esta demanda, porque su vista os desengañara de que no ha habido ni puede haber belleza que con la suya comparar se pueda; y así, no diciéndoos que mentís, sino que no acertáis en lo propuesto, con las condiciones que habéis referido, aceto vuestro desafío, y luego, porque no se pase el día que traéis determinado; y sólo exceto de las condiciones la de que se pase a mí la fama de vuestras hazañas, porque no sé cuáles ni qué tales sean: con las mías me contento, tales cuales ellas son. Tomad, pues, la parte del campo que quisiéredes, que yo haré lo mesmo, y a quien Dios se la diere, San Pedro se la bendiga." II, LXIV.

Y, por último, al final del combate, derrotado ya por el referido Caballero de la Blanca Luna (Sansón Carrasco) del también Capítulo LXIV de la Segunda Parte, Don Quijote no niega a su dama, aun a riesgo de su vida.

"Don Quijote, molido y aturdido, sin alzarse la visera, como si hablara dentro de una tumba, con voz debilitada y enferma, dijo: Dulcinea del Toboso es la más hermosa mujer del mundo, y yo el más desdichado caballero de la tierra, y no es bien que mi flaqueza defraude esta verdad. Aprieta, caballero, la lanza, y quítame la vida, pues me has quitado la honra." II, LXIV.

En el inconmensurable amor que Don Quijote le profesa a su dama, hay que destacar el alto grado de fidelidad que le tiene. Don Quijote no le es infiel a su Dulcinea ni con el pensamiento, como nos lo pone de manifiesto en muchos episodios, tales como los que expondremos a continuación.

En el Capítulo XVI de la Primera Parte, en la Venta donde fue armado caballero:

"Esta maravillosa quietud, y los pensamientos que siempre nuestro caballero traía de los sucesos que a cada paso se cuentan en los libros autores de su desgracia, le trujo a la imaginación una de las estrañas locuras que buenamente imaginarse pueden. Y fue que él se imaginó haber llegado a un famoso castillo —que, como se ha dicho, castillos eran a su parecer todas las ventas donde alojaba—, y que la hija del ventero lo era del señor del castillo, la cual, vencida de su gentileza, se había enamorado dél

y prometido que aquella noche, a furto de sus padres, vendría
a yacer con él una buena pieza; y, teniendo toda esta quimera,
que él se había fabricado, por firme y valedera, se comenzó a
acuitar y a pensar en el peligroso trance en que su honestidad se
había de ver, y propuso en su corazón de no cometer alevosía a
su señora Dulcinea del Toboso, aunque la misma reina Ginebra
con su dama Quintañona se le pusiesen delante." I, XVI.

En el Capítulo XLIV de la Segunda Parte, en palacio de
la Duquesa en varios episodios:

"De nuevo nuevas gracias dio don Quijote a la duquesa, y, en
cenando, don Quijote se retiró en su aposento solo, sin consentir
que nadie entrase con él a servirle; tanto se temía de encontrar
ocasiones que le moviesen o forzasen a perder el honesto decoro
que a su señora Dulcinea guardaba" II, XLIV.

"Y, en esto, sintió tocar una arpa suavísimamente. Oyendo lo
cual, quedó don Quijote pasmado, porque en aquel instante se le
vinieron a la memoria las infinitas aventuras semejantes a aqué-
lla, de ventanas, rejas y jardines, músicas, requiebros y desvane-
cimientos que en los sus desvanecidos libros de caballerías había
leído. Luego imaginó que alguna doncella de la duquesa estaba
dél enamorada, y que la honestidad la forzaba a tener secreta su
voluntad; temió no le rindiese y propuso en su pensamiento el
no dejarse vencer y encomendándose de todo buen ánimo y buen
talante a su señora Dulcinea del Toboso, determinó de escuchar
música y, para dar a entender que allí estaba, dio un fingido
estornudo, de que no poco se alegraron las doncellas, que otra
cosa no deseaban sino que don Quijote las oyese." II, XLIV.

"¡Qué tengo de ser tan desdichado andante, que no ha de haber
doncella que me mire que de mí no se enamore...! ¡Que tenga de
ser tan corta de ventura la sin par Dulcinea del Toboso, que no
la han de dejar a solas gozar de la incomparable firmeza mía...!
¿Qué la queréis, reinas? ¿A qué la perseguís, emperatrices? ¿Para
qué la acosáis, doncellas de a catorce a quince años? Dejad, dejad
a la miserable que triunfe, se goce y ufane con la suerte que Amor
quiso darle en rendirle mi corazón y entregarle mi alma. Mirad,
caterva enamorada, que para sola Dulcinea soy de masa y de
alfeñique, y para todas las demás soy de pedernal; para ella soy
miel, y para vosotras acíbar; para mí, sola Dulcinea es la her-
mosa, la discreta, la honesta, la gallarda y la bien nacida, y las
demás, las feas, las necias, las livianas y las de peor linaje; para

ser yo suyo, y no de otra alguna, me arrojó la naturaleza al mundo. Llore o cante Altisidora; desespérese Madama, por quien me aporrearon en el castillo del moro encantado, que yo tengo de ser de Dulcinea, cocido o asado, limpio, bien criado y honesto, a pesar de todas las potestades hechiceras de la tierra." II, XLIV.

En el Capítulo LXII de la Segunda Parte, en casa de Don Antonio Moreno, en Barcelona:

"Fugite, partes adversae!: dejadme en mi sosiego, pensamientos mal venidos. Allá os avenid, señoras con vuestros deseos; que la que es reina de los míos, la sin par Dulcinea del Toboso, no consiente que ningunos otros que los suyos me avasallen y rindan. Y, diciendo esto, se sentó en mitad de la sala, en el suelo, molido y quebrantado de tan bailador ejercicio." II, LXII.

En el Capítulo LXVII de la Segunda Parte, hablando con Sancho de Altisidora, que por burla fingía estar enamorada de Don Quijote:

"Quísome bien, al parecer, Altisidora; diome los tres tocadores que sabes, lloró en mi partida, maldíjome, vituperóme, quejóse, a despecho de la vergüenza, públicamente: señales todas de que me adoraba, que las iras de los amantes suelen parar en maldiciones. Yo no tuve esperanzas que darle, ni tesoros que ofrecerle, porque las mías las tengo entregadas a Dulcinea........." II, LXVII.

También, en el Capítulo LXX de la Segunda Parte, hablando con Altisidora:

"Iba Altisidora a proseguir en quejarse de don Quijote, cuando le dijo don Quijote: Muchas veces os he dicho, señora, que a mí me pesa de que hayáis colocado en mí vuestros pensamientos, pues de los míos antes pueden ser agradecidos que remediados; yo nací para ser de Dulcinea del Toboso, y los hados, si los hubiera, me dedicaron para ella; y pensar que otra alguna hermosura ha de ocupar el lugar que en mi alma tiene es pensar lo imposible. Suficiente desengaño es éste para que os retiréis en los límites de vuestra honestidad, pues nadie se puede obligar a lo imposible." II, LXX.

Como reflexión final, podemos decir que el romanticismo de Don Quijote sólo estuvo en su imaginación, porque el código de caballerías exigía tener una dama, y por eso, Don Quijote la crea desde la única imagen de mujer que tiene en su memoria, una labradora vecina del pueblo de al lado, de la que había estado enamorado cuando era joven. Por tanto, Dulcinea no es nada, ni nadie; simplemente una quimera, un simple deseo de Don Quijote, por ello el enamoramiento de nuestro caballero andante fue un puro invento, lo que le convierte a él en un enamorado de atrezzo -de adorno-. Lamentablemente el amor real es un amor más físico, es algo que uno puede ver y sentir, que no se sueña, que se vive, por ello este amor real no es lo perfecto que lo imagina Don Quijote. Nuestro querido caballero andante eligió libremente, dentro de su locura, de quién enamorarse; en la vida real suele ocurrir que no eliges de quien te enamoras, ni mucho menos puedes escoger las virtudes de tu enamorada o viceversa, de ser así no habría ningún fracaso en el amor. Ahora bien, sin lugar a dudas, ésta fue la más bella invención de Don Quijote, en medio de su locura. De ese encantamiento y de ese delirio de nuestro caballero andante por su dama es algo de lo que casi todos, alguna vez, querríamos ser "víctimas", pues ello nos convertiría en auténticos caballeros andantes, o más bien malandantes, sobre todo si ello tiene lugar ya en la madurez de la vida, como le ocurrió a nuestro enamorado caballero, que tenía ya los 55 años de edad.

La mujer como aliciente de las aventuras de Don Quijote

En la sociedad en la que Don Quijote acomete sus múltiples aventuras y desventuras, allá por el Siglo XVI, el papel de la mujer no era otro que el de estar sometida a los dictámenes del varón, su ámbito de autonomía femenino nunca excedía el del hogar y, si no sentía en su vida la vocación de hacerse monja, se convertía en esposa y protegida de su marido. A esta mujer no se le podía presuponer tacha o falta alguna, había de estar adornada de virtudes, tales como la de ser parca en el hablar, discreta en el mirar, digna en el proceder, diligente en el actuar y, ante todo y sobre todo, sumisa y obediente.

1. Las chicas de Don Quijote

Este tipo de mujer, lo encarna a la perfección el personaje de Camila, mujer de Anselmo, cuya historia se relata dentro del Quijote, como novela aparte, con el título "El curioso impertinente". Esta mujer es sometida, sin que ella lo sepa, a una prueba de fidelidad por parte de su marido, quien desea saber si Camila sería capaz de superar las solicitudes amorosas, previamente acordadas, que le haría llegar su mejor amigo, Lotario. Camila es una mujer honesta, fiel y hacendosa y su marido lo sabe de sobra, pero ello no parece ser suficiente para él, quien, a pesar de conocer las virtudes de su esposa, la pone a prueba, que por cierto, esa prueba diabólica tiene un final trágico, que yo no quiero desvelar por si el lector de este libro, no hubiere leído la historia y le pica el deseo de conocer su desenlace, que sepa que lo puede encontrar entre los capítulos XXXIII y XXXV de la Primera parte del Quijote.

De las muchas mujeres que se cruzan en la vida de Don Quijote, lo primero que salta a la vista cuando seguimos a nuestro Hidalgo en su aventuras son los numerosos personajes femeninos con los que se topa. Tenemos que empezar haciendo referencia, en primer lugar, a su amada Dulcinea, dama imprescindible para cualquier caballero andante, que se precie. Con este propósito, como ya hemos anticipado, Don Quijote se inventó a Dulcinea del Toboso, una mujer ideal, aunque irónicamente basada en la labradora Aldonza Lorenzo, poco agraciada físicamente.

Además de Dulcinea del Toboso en la vida de Don Quijote, están presentes otras mujeres, empezando por su ama y por su sobrina, servidoras, sumisas e incultas; Teresa Panza, la mujer de su Escudero, mujer sencilla y analfabeta; a quien no se la puede negar el esfuerzo que hace para sacar adelante la casa y el cuidado de sus hijos, mientras su marido anda envuelto en las desventuras de Don Quijote. De las penurias económicas sufridas por la ausencia de Sancho Panza, dan buena muestra estas palabras de Teresa Panza a la vuelta de su marido a casa, tras la segunda salida de Don Quijote:

"Mostradme esas cosas de más consideración y más momento, amigo mío, que las quiero ver, para que se me alegre este corazón,

que tan triste y descontento ha estado en todos los siglos de vuestra ausencia" (Capítulo LII de la 1ª parte).

Teresa Panza es también una mujer muy realista y conservadora, como se pone de manifiesto en el capítulo V de la 2ª parte, con una visión del mundo muy consecuente con su realidad, alejada de las fantasías de su marido, como podemos apreciar en este discurso que hace a su marido:

"Vivid vos, y llévese el diablo cuantos gobiernos hay en el mundo; sin gobierno salistes del vientre de vuestra madre, sin gobierno habéis vivido hasta ahora y sin gobierno os iréis, o os llevarán, a la sepultura cuando Dios fuere servido. [...] casadla (se refiere a Mari Sancha, la hija de ambos) con su igual, que es lo más acertado; que si de los zuecos la sacáis a chapines, y de saya parda de catorceno a verdugado y saboyanas de seda, y de una "Marica" y un "tú" a una "doña tal" y "señoría", no se ha de hallar la mochacha, y a cada paso ha de caer en mil faltas, descubriendo la hilaza de su tela basta y grosera".

Está claro que Teresa Panza se conforma con lo que es y con lo que tiene, sin pretender abarcar aquello que no le corresponde (Capítulo V de la 2ª parte).

Son otras muchas las mujeres que aparecen en la vida de nuestro Caballero andante, como es el caso de reina Ginebra con su dama Quintañona; la recia Maritornes, mujer desinhibida sexualmente, ruda, inculta que trabaja en la venta de Palomeque, que es descrita con unos rasgos, realmente, poco atractivos: ancha de cara, llana de cogote, de nariz roma, de un ojo tuerta y del otro no muy sana y de espaldas cargadas, pero adornada de otras virtudes como la de ser cumplidora de la palabra dada porque presumía muy de hidalga, la de ser puntual a sus citas, aunque se hubiese concertado para cosas tan deshonestas como yacer con un arriero y la de ser compasiva cuando a iniciativa propia da al manteado de

Sancho Panza agua y no duda en cambiarla por vino a petición del mismo Escudero.

Otras mujeres como la épica Marcela, feminista en su discurso, autónoma, libre, e independiente de los hombres; la bella Dorotea culta, aventurera y dueña de su vida; la Duquesa, mujer noble, culta, aburrida de la vida ordinaria, cruel en sus bromas y juegos; Zoraida, la mora hija de Aji Morato, que huye de su casa y ayuda a un grupo de cristianos a escaparse de Argel y expresa su deseo de casarse con uno de ellos (un personaje forjado como trasunto del propio Cervantes); Luscinda la enamorada de Cardenio, que es obligada por sus padres a casarse con don Fernando; tras el enlace, se desmaya y los asistentes al acto comprueban que lleva en su pecho una carta en la que aparece escrito que sólo puede ser de Cardenio, reafirmado su amor por él y, al mismo tiempo, la obligación que tenía de obedecer a sus padres; Clara de Viedma, la hija del oidor, enamorada de don Luis, que renuncia a casarse sin el consentimiento de su padre; Casildea de Vandalia, la imaginaria dama del Caballero de los Espejos; la hermosa Quiteria, prometida del rico Camacho; Altisidora que por burla fingía estar enamorada de don Quijote; la Dueña Rodríguez; Melisendra esposa de don Gaiferos, a quien tenía cautiva el rey Moro Marsilio, que por su marido es rescatada, lo que motiva la persecución por parte de los moros. Llegado este lance, don Quijote destruye el teatro y los muñecos, con el fin, según él, de salvar a los fugitivos, acto que es presenciado y soportado con gran asombro y desesperación por parte de Maese Pedro, que era uno de los galeotes liberado por Don Quijote, de nombre de Ginés de Pasamonte, que ahora se dedica como titiritero y representa con un teatrillo de marionetas la liberación de Melisendra.

También mujeres nobles e importantes como Doña

Guiomar de Quiñones mujer del regente de la vicaría de Nápoles; la reina doña Maguncia del famoso reino de Candaya y su hija la infanta Antonomasia: Belerna la dama del caballero Durandarte y las hijas de Ruidera; Leandra hermosa hija de un rico labrador; doña Cristina mujer del Hidalgo Diego de Miranda, caballero del verde gabán; doña Dolorida, alias de la Condesa Trifaldi; Leonora la hija del rico Balbastro; la princesa Micomicona.

Otras no de tan alta alcurnia como Sanchica la hija de Teresa y Sancho Panza; la intrépida Claudia Jerónima, que no duda en matar a su prometido cuando se entera que se ha desposado con otra mujer; Leandra la mujer de Palomeque el ventero, mujer caritativa, donde las haya, que se duele de las calamidades de sus prójimos, razón ésta que le movió a acudir a curar a Don Quijote cuando llegó a su venta molido a palos, tras la aventura de los yangüeses. Ella y su hija emplastan al golpeado hidalgo y lo atienden en todo momento.

Algunas también prostitutas, como la Tolosa y la Molinera, son las primeras mujeres con las que contacta Don Quijote tras su primera salida y que asisten a la ceremonia en la venta en que es armado caballero nuestro Hidalgo. Estas damas son descritas como poco agraciadas físicamente, quizás esta descripción nos traslade la idea, no tanto de que las prostitutas no puedan ser hermosas; como lo que realmente les afea sea la ocupación que tienen, indisolublemente unida al honor y la honestidad, que por ser la que es, impide que la belleza aflore. Sin embargo, esta idea tan negativa hacia las prostitutas luego se transforma en positiva cuando son ellas las que dan de comer y beber a nuestro valeroso Hidalgo, le ayudan a desvestirse y le ciñen la espada y la espuela en el ritual burlesco con el que Don Quijote es armado caballero, a quien, por cierto, en su locura le parecieron dos hermosas doncellas o dos graciosas damas solazándose en la puerta de lo que para nuestro Hidalgo era un castillo, hasta tal punto que cuando Don Quijote les pregunta su nombre y le contestan humildemente que se llaman Tolosa y Molinera, Don Quijote les replicó que le hiciesen merced que de allí en adelante se pusiesen don y se llamasen "doña Tolosa" y "doña Molinera".

2. Los valores que identifican la condición femenina

Hay dos personajes femeninos en el Quijote como son los de Dorotea y Marcela, que ejemplifican los valores que identifican la condición femenina: la libertad, la independencia y la dignidad. Como sabrá el lector, el anhelo de libertad fue el acicate de las más arriesgadas empresas en las que se embarcó Don Quijote en sus muchas aventuras, la mayoría de las cuales no terminaron bien para su integridad física y la de su fiel Escudero. Este ansia de libertad, le lleva a Don Quijote a pronunciar estas certeras palabras en una de las conversaciones que mantiene con su fiel escudero Sancho:

> *"La libertad, Sancho, es uno de los más preciosos don es que a los hombres dieron los cielos; con ella no pueden igualarse los tesoros que encierra la tierra ni el mar encubre; por la libertad así como por la honra se puede y debe aventurar la vida, y, por el contrario, el cautiverio es el mayor mal que puede venir a los hombres" (Capítulo LVIII de la 2ª parte).*

Dorotea, es el mejor ejemplo de mujer valiente. Ella es una mujer que accede a los deseos libidinosos de don Fernando convencida de las nobles promesas que él le hace ver, pero luego descubrirá que todo es mentira y acongojada por su deshonra, saldrá dispuesta a buscar a su burlador para que repare lo que ha hecho, cumpliendo su promesa de matrimonio. Sale de su casa y, en un símbolo de la perdición total, se enfrenta a un mundo en el que está totalmente desprotegida, hasta el punto de necesitar disfrazarse de hombre para poder evitar los peligros que acechan a una mujer sola en un mundo dominado por los hombres.

Dorotea es una mujer valiente, que deja su familia, sus bienes y sus comodidades para vivir sola en el bosque y evitar así la pena de sus padres. Dorotea lucha por recuperar el respeto de la sociedad, el respeto de sus padres y su honor personal. Ella quiere que la persona que le quitó su honra, sea quien se la devuelva y, con este objetivo, haciendo gala de valentía y dignidad, a pesar de su condición de labradora, hará frente a todo un caballero poderoso como es don Fernando, su burlador, con estas palabras:

"Yo soy aquella labradora humilde a quien tú, por tu bondad o por tu gusto, quisiste levantar a la alteza de poder llamarse tuya; soy la que, encerrada en los límites de la honestidad, vivió vida contenta hasta que a las voces de tus importunidades y, al parecer, justos y amorosos sentimientos abrió las puertas de su recato y te entregó las llaves de su libertad, dádiva de ti tan mal agradecida cual lo muestra bien claro haber sido forzoso hallarme en el lugar donde me hallas y verte yo a ti de la manera que te veo. Pero, con todo esto, no querría que cayeses en tu imaginación pensar que he venido aquí con pasos de mi deshonra, habiéndome traído solo los del dolor y sentimiento de verme de ti olvidada. Tú quisiste que yo fuese tuya, y quisístelo de manera que aunque ahora quieras que no lo sea no será posible que tú dejes de ser mío. [...] Tú no puedes ser de la hermosa Luscinda, porque eres mío, ni ella puede ser tuya, porque es de Cardenio; y más fácil te será, si en ello miras, reducir tu voluntad a querer a quien te adora, que no encaminar la que te aborrece a que bien te quiera. Tú solicitaste mi descuido, tú rogaste a mi entereza, tú no ignoraste mi calidad, tú sabes bien de la manera que me entregué a toda tu voluntad: no te queda lugar ni acogida de llamarte a engaño; y si esto es así, como lo es, y tú eres tan cristiano como caballero, ¿por qué por tantos rodeos dilatas de hacerme venturosa en los fines, como me hiciste en los principios?" (Capítulo XXXVI de la 1ª parte).

Después de este discurso, el abrumado caballero, sólo podrá declarar: *"Venciste, hermosa Dorotea, venciste; porque no es posible tener ánimo para negar tantas verdades juntas"*. Dorotea consigue así que don Fernando repare su deshora haciéndola su esposa.

Por su parte Marcela, es un buen ejemplo de mujer libre e independiente. El pastor Grisóstomo se suicida porque Marcela no atiende a sus razones amorosas. Ella es acusada y despreciada por ser la causante de esta muerte. En el entierro del pastor, Marcela se muestra a todos los presentes y Ambrosio, un amigo del difunto, se dirige a ella en estos términos tan duros:

"¿Vienes a ver, por ventura, ¡oh fiero basilisco destas montañas!, si con tu presencia vierten sangre las heridas deste miserable a quien tu crueldad quitó la vida? ¿O vienes a ufanarte en las crueles hazañas de tu condición, o a ver desde esa altura, como otro despiadado Nero, el incendio de su abrasada Roma, o a pisar, arrogante, este desdichado cadáver, como la ingrata hija al de su padre Tarquino? Dinos presto a lo que vienes, o qué es aquello de que más gustas; que, por saber yo que los pensamientos de Grisóstomo jamás dejaron de obedecerte en vida, haré que, aun él muerto, te obedezcan los de todos aquellos que se llamaron sus amigos".

La respuesta de la pastora Marcela es un verdadero canto revolucionario a la libertad de la mujer, su derecho a elegir y su derecho a que las dejen en paz, utilizando argumentos inapelables cuando se expresa de la siguiente mantera:

"Yo conozco −dice- que todo lo hermoso es amable; mas no alcanzo que, por razón de ser amado, esté obligado lo que es amado por hermoso a amar a quien le ama."

Se permite ridiculizar razonamientos masculinos que se presentan como naturales:

"¿y si quien ama lo hermoso es feo, será entonces esta desigual

> *lógica la suya: "quiérote por hermosa: hasme de amar aunque sea feo"?"*

Se permite incluso imaginar lo que ocurriría si los seres hermosos, con ser muchos, hubieran de corresponder a la muchedumbre de deseos que suscitan. Su lógica es implacable.

Además, Marcela exhibe el poder de la libertad individual, cuando dice lo siguiente:

> *"Yo nací libre, y para poder vivir libre escogí la libertad de los campos".*

Que nadie se queje del daño causado por una hermosura que ella no eligió y que, en uso de su libertad, ha puesto lejos de quienes la desean:

> *"Fuego soy apartado y espada puesta lejos".*

Que nadie se queje si no se siente obligada a amar por voluntad propia:

> *"El pensar que tengo de amar por elección es escusado".*

Por último, Marcela se manifiesta totalmente independiente cuando se expresa en estos términos:

> *"el que me llama fiera basilisco déjeme como cosa perjudicial y mala; el que me llama ingrata no me sirva; el que desconocida, no me conozca; quien cruel no me siga; que esta fiera, este basilisco, esta ingrata, esta cruel y esta desconocida ni los buscará, servirá, conocerá ni seguirá en ninguna manera [...] Yo, como sabéis, tengo riquezas propias, y no codicio las ajenas; tengo libre condición, y no gusto de sujetarme [...] Tienen mis deseos por término estas montañas".*

La conclusión de este discurso cae por su propio peso, cual es que a Grisóstomo *"antes lo mató su porfía que mi crueldad"*. Marcela prefiere estar sola, sin hombres, para poder vivir libre en las montañas en vez de jugar el papel tradicional de la mujer que tiene que casarse cuando un hombre la desea. Ella no quiere ser la mujer que tiene que seguir las exigencias de un hombre, quiere vivir su propia vida y no ser controlada por otra persona. Con sus propias palabras Marcela lo dice expresamente:

"Yo nací libre, y para vivir libre escogí la soledad de los campos (Capítulo XIV de la 1ª Parte).

Como reflexión final, podemos decir que el plantel de las mujeres en el Quijote es tan amplio como variado, las hay que son reinas, princesas y duquesas, otras sin embargo simples pastoras y/o labradoras, las hay que son ricas y otras que son pobres, unas que son cultas y otras analfabetas, unas que son doncellas y otras prostitutas, unas son hoscas y otras compasivas, las hay que son serias y otras divertidas, graciosas, socarronas y hasta irónicas, las hay que son dóciles y apasionadas y otras inquietas y temperamentales, las hay fuertes y otras que son vulnerables etc, pero todas ellas están dotadas, en su condición femenina, del brillo y el esplendor que se merecen en igualdad con los hombres. Tienen personalidad, son libres e independientes, valores que la sociedad de aquellos tiempos -Siglo XVI- les negaba y que Don Quijote les reconoce, como si fueran mujeres del siglo XXI, por lo que podemos afirmar que las mujeres de Don Quijote vivieron en el Siglo XVI, como si lo hubieran hecho en el Siglo actual. Desgraciadamente, hoy día, en muchos países, las mujeres que son de este Siglo XXI, viven conforme lo hacían en el Siglo XVI, echando de menos que un caballero andante como Don Quijote luche por la dignificación de su condición femenina y pelee por sus derechos, desafiando las limitaciones que estas mujeres encuentran en su sociedad.

TÍTULO II. EL SENTIDO JUSTICIERO DE DON QUIJOTE

Don Quijote como auténtico adalid de los valores de la justicia y de la libertad del individuo, concibió la criminalidad de su época -siglo XVI- más como una consecuencia obligada del sistema de aquel momento, que como una auténtica trasgresión de las normas imperantes. Concibió al delincuente como víctima de una sociedad desigual, llena de trabas y restricciones, víctima de una administración de justicia corrupta y arbitratoria y víctima de una autoridad despótica y abusiva, por ello consideró, siempre, que el castigo de dicha conducta delictiva era inmerecido.

La realidad penal en el siglo XVI

Durante el siglo XVI, la realidad penal es eminente-
mente punitiva: abundan los tormentos corporales y la
pena de muerte se alza como el castigo ejemplificador
por excelencia.

Se consideraba a los delincuentes como malvados o
degenerados, indignos de compasión y ayuda, y cuya
eliminación, reclusión o muerte, era lo único que podía
hacer la sociedad para evitar los grandes daños que
cometían. La extensión de la criminalidad en la España
de Don Quijote alcanzaba extremos similares a lo que
sería, con el tiempo, la delincuencia organizada: con
sus jerarquías, reparto de funciones y tareas, lenguaje
propio -la llamada jerga de germanía-. Esa situación da
vida en la literatura a la figura del pícaro y la picaresca,
que posiblemente refleja con bastante precisión lo que
era una parte de la criminalidad en España en aquellos
años.

La principal causa de la criminalidad en aquella época
era la pobreza y el principal delito el robo. La pobreza
se extiende y son muchos los que quieren escapar de
ella huyendo a América -como también pretendió
infructuosamente el propio Cervantes- pero son

muchos los que no lo consiguen y vagan por pueblos y caminos sin otro oficio que el pillaje, lo que suponía percibir fácilmente el panorama de reatas de encadenados y frecuentes ejecuciones visibles en pueblos y caminos. Y es que por esa época se podía acabar en prisión por múltiples razones: deudas, como fue el caso del propio autor del Quijote, pendencias, hurtos, prevaricaciones, asesinatos, raptos, falta a la palabra dada de casamiento, estafas, prostitución, juego ilegal (había algunos juegos de naipes que estaban permitidos y otros que no, y por supuesto trampas y fullerías eran desterradas), tercería, sodomía, etc.,

Las posibles causas de la criminalidad, que no siempre se sitúan en la maldad de sujeto, sino en la sujeción del reo a las condiciones y circunstancias particulares de cada uno, lo vemos en el Capítulo, que ya hemos citado en este Libro, de los Galeotes (I, 22) que constituyen los diversos y variados tipos con que se suele nutrir la población reclusa: delincuentes contra la propiedad, contra la libertad sexual, contra las personas etc.

Don Quijote, informado por Sancho de que aquellos hombres -los Galeotes- van "forzados por el Rey", les corta el paso e inquiere a uno de los guardas de a caballo sobre las causas de aquellas gentes:

> *"Llegó en esto la cadena de galeotes, y Don Quijote, con muy corteses razones, pidió a los que iban en su guarda fuesen servidos de informalle y decille la causa o causas porque llevan aquella gente de aquella manera." (I, 22)*

Don Quijote quiere conocer la causa de la desgracia de todos y cada uno de aquella pobre gente, y comienza a interrogar a los Galeotes para enterarse de los "pecados" que los han llevado a tal situación.

> *"Una de las guardas de a caballo respondió que eran galeotes,*

gente de Su Majestad, que iban a galeras, y que no había más que decir ni él tenía más que saber."

Sin embargo, Don Quijote quiere conocer más e interroga a 6 de los 12 presos que componen la "cuerda". El interrogatorio satisface la curiosidad de Don Quijote y le permite conocer a nuestro Caballero andante las circunstancias personales de cada uno y comprueba, que se trataba de presos normales, sin muchas "posibilidades monetarias". Bien es cierto que algunos de los interrogados hacen gala de auténticos bellacos por la jerga que usan en sus contestaciones, lo que no hace sino dar cierta parte de razón al concepto que de ellos tienen los guardas.

La percepción del delincuente para Don Quijote de la Mancha

Hay que recordar que Miguel de Cervantes era buen conocedor del mundo de la delincuencia, no en vano el mismo estuvo en la cárcel de Castro del Río en 1592 y en la de Sevilla en 1597. Conocimientos que plasmó con ingenio crítico, adelantándose una vez más a su época, como ya hemos dicho, no sólo en esta obra de "Don Quijote", sino también en otras, como "Rinconete y Cortadillo", la que sin duda se podría calificar de un verdadero Tratado de Criminología.

1. El delincuente como víctima de la sociedad

Comienza el Capítulo de los "Galeotes" diciendo que Don Quijote alzó los ojos y vio que por el camino que llevaba venían hasta doce hombres a pie, ensartados, como cuentas, en una gran cadena de hierro por los cuellos, y todos con esposas a las manos:

> *"Llegó en esto la cadena de galeotes, y Don Quijote, con muy corteses razones, pidió a los que iban en su guarda fuesen servidos de informalle y decille la causa o causas porque llevan aquella gente de aquella manera. (I, 22)*

Don Quijote tras interrogar a seis de los doce "galeotes"

que componían "la cuerda de presos" para enterarse de los pecados que los habían llevado a tal situación y conocer la causa de su desgracia, no le parecen suficientes las razones que le han manifestado para privarles de un bien tan preciado como la libertad.

El interrogatorio que Don Quijote hace a los "Galeotes" le permite comprobar que no todos son iguales, tal y como se los había descrito uno de los guardas, a quien no le quedaba duda alguna de la malvada condición de todos y cada uno de ellos:

"Vuestra merced llegue y se lo pregunte a ellos mesmos, que le dirán, si quieren, que sí querrán, porque es gente que recibe gusto de hacer y decir bellaquerías." (I. 22).

Este mismo concepto de los reos es el que tiene Sancho y que pone de manifiesto en el Capítulo XXX de la Primera Parte, cuando lleno de miedo porque la Santa Hermandad ha extendido un mandamiento de prisión contra su amo por haber dado la libertad a los "Galeotes", confiesa:

"El que hizo esa fazaña fué mi amo, y no porque yo no le dije antes y le avisé que mirase lo que hacía, y era pecado darles la libertad, porque todos iban allí por grandísimos bellacos" (I.30).

Don Quijote sabedor de que las causas de la criminalidad no siempre se sitúan en la maldad de sujeto, sino en la sujeción del reo a las condiciones y circunstancias particulares de cada uno, y que los delitos que le han relatado dichos "Galeotes", posiblemente, no se hubieran perpetrado si aquellos hubiesen disfrutado de unas mejores condiciones de vida, decide liberarlos, pidiéndoselo educadamente a los guardas:

"Pido esto con mansedumbre y sosiego, porque tenga, si lo cumplís, algo que agradeceros; y cuando de grado no lo hagáis, esta lanza y esta espada, con el valor de mi brazo, harán que lo hagáis por fuerza" (I, 22).

Tras un fallido intento de hacerlo "por las buenas", pues la contestación del guarda no deja duda alguna de que no va a ser posible atender la educada petición de Don Quijote:

> "¡Donosa majadería! ¡Bueno está el donaire con que ha salido a cabo rato! ¡Los forzados del Rey quiere que les dejemos, como si tuviéramos autoridad para soltarlos, o él la tuviera para mandárnoslo! ¡Váyase, vuestra merced, señor, norabuena su camino adelante!"

Ante esta contestación Don Quijote arremete contra el Comisario a quien deja malherido en el suelo de una lanzada, lo que provoca un caos en el que, al final, los presos quedan liberados de sus cadenas y los guardas huyen despavoridos.

Aunque el ansia de libertad de Don Quijote es evidente, tal y como se plasma claramente al inicio del Capítulo LVIII de la Segunda Parte, cuando dice a Sancho:

> "La libertad, Sancho, es uno de los más preciosos dones que a los hombres dieron los cielos; con ella no pueden igualarse los tesoros que esconde la tierra ni el mar encubre; por la libertad así como por la honra se puede y debe aventurar la vida, y por el contrario el cautiverio es el mayor mal que puede venir a los hombres". (II. 58)

Sin embargo, libera a los "Galeotes" porque piensa que no son justas las acusaciones imputadas a los reos. Este acto de liberación conlleva un significativo simbólico de defensa de los débiles, de los marginados y desamparados. Don Quijote percibe a los presos como "pobres desdichados" merecedores de compasión, pero cuál es esta percepción en la sociedad actual.

En nuestra sociedad, el fenómeno de la delincuencia fue percibido también como fruto de una posible marginación o exclusión social, sin embargo hoy en día ha pasado a conceptuarse más como la consecuencia de la falta del control necesario que demanda la sociedad, lo que convierte la seguridad pública en el objetivo prioritario de la lucha contra la delincuencia. La característica más relevante de este modelo punitivo, que algunos penalistas denominan de la "seguridad ciudadana", es que la sociedad no asume ya su responsabilidad en la génesis de la actividad delictiva, porque considera que la delincuencia tiene su explicación, no tanto en las carencias sociales que pudieran condicionar el comportamiento delictivo del autor del hecho delictivo, como en la libre voluntad de aquel. Esta actitud social ante el delito supone que el modelo punitivo actual concentre todos sus esfuerzos más en la lucha contra las manifestaciones delictivas que en las causas que las generan.

2. El delincuente como víctima de la administración de justicia

La Administración de justicia en tiempos de Don Quijote estaba configurada por un complejo entramado de órganos, competencias y funciones caracterizado por desenvolverse en un escenario de corrupción generalizada de los empleados públicos administradores de la misma. A esto hay que añadir que los métodos de aplicación de la justicia que imperaban en aquella época hacían presagiar que habría muchos inocentes que la maquinaria de la "justicia" les convertiría en culpables.

En primer lugar, por la aplicación de la tortura como método normal para conseguir la confesión del delito:

> *"Una de las guardas le dijo: -Señor caballero, cantar en el ansia se dice, entre esta gente non santa, confesar en el tormento. A este pecador le dieron tormento y confesó su delito...". (I. 22)*

No deja de sorprender que se pudiera asumir como algo lógico y natural que la práctica del tormento fuere el método correcto de averiguación de la verdad, como si no fuere evidente que bajo este método declaran sus culpas hasta los más inocentes.

> *"...Y va siempre pensativo y triste, porque los demás ladrones que allá quedan y aquí van le maltratan y aniquilan, y escarnecen y tienen en poco, porque confesó y no tuvo ánimo de decir nones. Porque dicen ellos que tantas letras tiene un no como un sí, y que harta ventura tiene un delincuente, que está en su lengua su vida o su muerte, y no en la de los testigos y probanzas; y para mí tengo que no van muy fuera de camino.". (I. 22)*

En segundo lugar, el no contar los reos entre sus posibilidades con una buena defensa o con el dinero suficiente para comprar al juez o para pagar una fianza adecuada, o para instrumentar a su favor todos los recursos legales que fuera posible encontrar.

> *"El tercero de los galeotes respondió a Don Quijote que iba por cinco años a las "señoras gurapas", por faltarle diez ducados, pues de haberlos tenido "hubiera untado con ellos la péndola del escribano y avivado el ingenio del procurador". (I. 22)*

Don Quijote termina el interrogatorio a los "Galeotes", haciendo un discurso donde revela toda clase de dudas sobre la administración de justicia de la época.

> *"De todo cuanto me habéis dicho, hermanos carísimos, he sacado en limpio que aunque os han castigado por vuestras culpas, las penas que vais a padecer no os dan mucho gusto y que vais a ellas muy de mala gana y muy contra vuestra voluntad y que podría ser que el poco ánimo que aquel tuvo en el tormento, la falta de dineros déste, el poco favor del otro y, finalmente, el torcido juicio del juez, hubiese sido causa de vuestra perdición y de no haber salido con la justicia que de vuestra parte teníades". (I. 22)*

Este reproche de Don Quijote hacia Administración de justicia evidencia su absoluta desconfianza hacia la misma, por ello, decide liberar a los reos para restaurar los derechos humanos violados por esa administración corrupta y arbitraria.

Y es que la justicia para Don Quijote debe formar parte, incluso, de la propia naturaleza humana, tanto es así que en el célebre pasaje del bandolero Roque Guinart en el Capítulo LX de la Segunda parte, Sancho pronuncia esta sentencia:

"Es tan buena la Justicia, que es necesaria que se use aun entre los mesmos ladrones". (II, LX)

En nuestros tiempos siguen siendo muchas las personas que no están conformes con la actuación de los jueces y tribunales. Las encuestas de opinión sobre la justicia otorgan a ésta sólo un 3,6 en una escala de 10 y el 71% de los entrevistados manifiestan una mala imagen de la misma. Esto se debe a que la justicia sigue adoleciendo de parcialidad y arbitrariedad, de ahí la facilidad con la que puede degenerar en instrumento de abusos e injusticias. En cualquier caso es preciso señalar que la justicia, tanto en la época de Don Quijote, como hoy en día sigue siendo un valor fundamental, porque el individuo debe tener la seguridad de que el peso de la ley recaerá solamente sobre quien resulte ser el verdadero responsable de la conducta criminal, porque de lo contrario -la desconfianza en la justicia- convierte al delincuente en una víctima de la misma.

La vida de Don Quijote al servicio del bien

1. Las penas y los castigos en tiempos de Cervantes

En los tiempos de Cervantes -siglo XVI- aún era desconocida la pena privativa de libertad, pues la misma no apareció como tal pena autónoma hasta finales del siglo XVIII. Aunque resulta innegable que el encierro de los delincuentes existió desde tiempos inmemoriales, no tenía carácter de pena y descansaba en otras razones, en concreto, en la finalidad de retener a los culpables de un delito en un determinado lugar, con la finalidad de mantenerlos seguros hasta que fuesen juzgados para, a continuación, proceder a la ejecución de los castigos propios de aquella época. Normalmente, el internamiento era aprovechado para averiguar, por medio de la tortura, determinados extremos del suceso criminal.

Durante varios siglos, la prisión va a servir sólo de reducto a los fines de contención y custodia de la persona física del reo, convirtiéndose en una auténtica antecámara de suplicios, donde los acusados esperaban la celebración del juicio, generalmente en condiciones infrahumanas. Las prisiones eran establecimientos de

castigo, en cuyos calabozos, se abandonaba a los delincuentes, castigándolos corporalmente.

La reacción penal en el siglo XVI quedaba reducida,
fundamentalmente, a las penas capitales, corporales e
infamantes. En este escenario destacan los suplicios y
ejecuciones públicas, en los que la acción castigadora se
realiza a manera de espectáculo o ceremonia y donde,
en cierta manera, se buscaba restituir el *status quo* que
los monarcas han perdido a través del quebrantamiento
de una ley o norma; es decir, el delito o crimen. Se pro-
digaban las exhibiciones de represión penal, en un claro
propósito de lograr la reducción del delito por la vía de
la intimidación o del puro terror. Por ello, tenía su sentido la espectacularidad en la ejecución de las sanciones,
que cumplían el doble propósito de castigar al culpable
y de disuadir al resto de la población de delinquir, mos-
trando las consecuencias de ese acto delictivo.

En cualquier ciudad española y por supuesto en las
de Sevilla, Valladolid o Madrid era frecuente ver a los
reos expuestos a la vergüenza pública, en los llamados
"humilladeros", que dieron nombre a alguna plaza, por
ejemplo la que hay en Madrid junto a la Plaza de la
Cebada, en la que se alzaba el patíbulo donde se ataba a
los reos a "picotas" para la ejecución de penas infamantes, expuestos al escarnio y la burla pública. Esas "picotas" llegaron a sobrevivir hasta casi entrado el siglo XIX.

Es lógico que las penas se acomoden a los tiempos y,
en aquellos tiempos -siglo XVI- no existieran derechos,
puesto que no había ciudadanos, sino súbditos, por ello
no era sorprendente y tampoco repelía la brutalidad
de los castigos, propia del atavismo de los hombres de
aquella época, y aún de la presente en algunas zonas
del mundo. En tiempos de Don Quijote la función y los
fines de las penas se resumían en su utilidad y la utilidad

fue descubierta en aquellos tiempos en el remar en las galeras del Rey, pena que vino a sustituir a la de muerte, la mutilación u otras penas corporales.

2. El humanismo Don Quijote de la Mancha

Las penas como privación de derechos fundamentales surgen con la pena de privación de libertad, pero para ello debe previamente nacer la libertad como derecho fundamental, y esto no ocurre hasta el año 1789, toda una revolución que alumbra una nueva concepción del hombre y del ciudadano.

El principio de humanidad se refleja, en un primer momento, en la abolición de la tortura como medio de averiguación de la verdad y la de cualquier otro medio que limite al acusado la libertad de decidir lo que quiera declarar. En un segundo momento, en la abolición de las penas corporales y, en buena parte de los países, la abolición de la pena de muerte. Y en un tercer momento en la implantación de una nueva penalidad -la privativa de libertad- en sustitución de la pena de muerte y las penas corporales.

En el terreno de la ejecución de esta pena privativa de libertad, el principio de humanidad ha supuesto la proclamación del derecho de los encarcelados a ser tratados con respeto y a situar la reeducación y reinserción social como orientación principal de las mismas.

Ya hace cuatrocientos años que Cervantes levantó su voz, para tratar de humanizar la ejecución convirtiendo a Don Quijote en un hombre, intrépido honesto y justiciero, que da estos Consejos a su escudero Sancho, cuando se dispone a asumir el gobierno de la Isla de Barataria:

"Cuando pudiere y debiere tener lugar la equidad, no cargues

todo el rigor de la ley al delincuente, que no es mejor la fama del
juez riguroso que la del compasivo." (II, 42)

Siguiendo la línea conceptual de Don Quijote, si debié-
ramos escoger entre el rigor y la condición compasiva
de un juez, nos inclinaríamos por la segunda opción.
Debe el juzgador proceder con el equilibrio suficiente
para no castigar al inocente y eximir al culpable. Esta
teoría se fundaría en la compasión derivada del reco-
nocimiento de que en la sociedad existen desigualdades
que provocan marginación, disminuyen las oportuni-
dades, lo que supone la exclusión de un sector de la
población, que puede derivar hacia la actividad delictiva.

Hay otro consejo del que también podemos extraer
cierto paralelismo con nuestro actual sistema de ejecución penal, es aquel en el que Don Quijote advierte a
Sancho de esta forma:

"Al que has de castigar con obras no trates mal con palabras, pues
le basta al desdichado la pena del suplicio, sin la añadidura de
las malas razones." (II, 42)

En este consejo es especialmente interesante destacar la
necesidad de respetar la dignidad del reo, máxime en
una época en la que lo normal era que la ejecución de
las penas fuera acompañada de la pública infamia y de
la deshonra pública, cuando no fuese ésta directamente
la pena a imponer -penas infamantes- como, por ejemplo, exhibir desnudos a los condenados o pasearlos por
las calles en asnos o en carretas, con ropas de colores,
para que pudieran ser libremente insultados o ultraja-
dos.

Esta idea de respeto a la dignidad del preso la volvemos
a ver claramente en el Capítulo de los Galeotes (I, 22)

en el interrogatorio que Don Quijote mantiene con los
mismos interesándose por sus vidas.

> *"Preguntó don Quijote que cómo iba aquel hombre con tantas
> prisiones más que los otros. Respondióle la guarda porque tenía
> aquel solo más delitos que todos los otros juntos, y que era tan
> atrevido y tan grande bellaco que, aunque le llevaban de aquella
> manera, no iban seguros dél, sino que temían que se les había de
> huir."*

En la información que el Guarda traslada a Don Quijote
trata al preso, llamándole por el apodo de Ginesillo de
Paradilla, cosa que a éste le parece disgustar, luego le
tilda de "ladrón de la más marca", le llama "embustero"
y, por último, le califica de "gran bellaco". Y llegó a más
el Comisario.

> *"Alzó la vara en alto el Comisario para dar a Pasamonte, en res-
> puesta de sus amenazas; mas Don Quijote se puso en medio y le
> rogó que no le maltratase, pues no era mucho que quien llevaba
> atadas las manos tuviese algún tanto suelta la lengua."*

Esta actitud humanitaria de Don Quijote con los condenados se pone también de manifiesto en las observacio-
nes que hace sobre uno de los galeotes:

> *"Del cuarto galeote dice que le tuvo Sancho "tanta compasión,
> que sacó un real de á cuatro del seno y se lo dió de limosna" (I.22)*

La estima del narrador hacia este galeote -condenado
por alcahuete y hechicero- le hace llamarlo "buen viejo"
y describirlo como a un patriarca *"de venerable rostro, con
una barba blanca que le pasaba del pecho".*

El interrogatorio que Don Quijote realiza a algunos de
los galeotes le permite comprobar que no son todos los
galeotes son iguales, tal y como se los había descrito
uno de los guardas, a quien no le quedaba duda alguna
de la irredenta condición de todos y cada uno de ellos,
cuando utiliza estas expresiones:

"Vuestra merced llegue y se lo pregunte a ellos mismos, que le dirán, si quieren, que sí querrán, porque es gente que recibe gusto de hacer y decir bellaquerías."

Este mismo concepto de los delincuentes es el que tiene Sancho y que pone de manifiesto, cuando lleno de miedo por el anuncio de que la Santa Hermandad había extendido un mandamiento de prisión contra su amo al que calificaban de loco salteador de caminos, que había dado la libertad a los galeotes, confiesa al Cura de El Toboso:

"El que hizo esa fazaña fué mi amo, y no porque yo no le dije antes y le avisé que mirase lo que hacía, y era pecado darles la libertad, porque todos iban allí por grandísimos bellacos" (I, 30).

Como reflexión final, tenemos que manifestar que las penas y los castigos deben ser útiles y no mera venganza antes, ahora y en un futuro. En el presente, la utilidad de la pena radica en evitar que los que cometan delitos vuelvan a hacerlo. Sin caer en la estupidez de admitir la bondad moral de abrir las puertas de las prisiones para dejarlas vacías y dejando a un lado el problema discutido sobre la necesidad de que las cárceles existan o dejen de existir, sí debemos afirmar, con la mayor rotundidaz, que quien cumple condena debe hacerlo en unas condiciones de dignidad propias de su condición humana, porque quien está privado de libertad, está privado solamente de ese derecho, y goza de todos los demás, salvo de que aquellos que tenga limitados por el fallo condenatorio, el sentido de la pena y/o la ley penitenciaria.

TÍTULO III. EL IDEALISMO JURÍDICO DE DON QUIJOTE DE LA MANCHA Y EL REALISMO SOCIAL DE SU ÉPOCA

Don Quijote de la Mancha es el auténtico adalid del valor de la justicia y, como tal, consciente de la ausencia de dicho valor en la sociedad en la que vive, se plantea una utopía en la que quiere construir un mundo mejor, donde dicho valor rija en la referida sociedad. Para ello, quiere restaurar la Edad de Oro, ya que fue la época en que la humanidad era feliz y regían todos los ideales que persigue Don Quijote, tal y como se expresa en el Capítulo XI de la Primera Parte:

> *"..........dichosa edad y siglos dichosos aquellos a quienes los antiguos pusieron nombre de dorados, y no porque en ellos el oro, que en esta nuestra edad de hierro tanto se estima, se alcanzase en aquella venturosa sin fatiga alguna, sino porque entonces los que en ella vivían ignoraban estas dos palabras de tuyo y mío... Todo era paz entonces, todo amistad, todo concordia... No había la fraude, el engaño ni la malicia mezclándose con la verdad y la llaneza. La justicia se estaba en sus propios términos sin que la*

*osasen turbar ni ofender los del favor y los del interés, que tanto
ahora la menoscaban, turban y persiguen." (I, 11).*

1. La justicia ideal de Don Quijote

Don Quijote como ministro de Dios en la tierra y brazo
por quien se ejecuta en ella la justicia (I, 13); percibe
la misma como la doble cara de una misma moneda,
en sentido ideal, es decir según debería ser concebida,
ejemplarizando con su comportamiento y, en sentido
real, según es administrada por los seres humanos,
enfrentándose, siempre que puede, a lo que considera
injusto.

Don Quijote refiere cómo debe ser una administración
de justicia ejemplar, cuando le traslada a su Escudero
Sancho en el Capítulo XLII de la Segunda Parte una
serie de consejos, al asumir aquél el gobierno de la
Ínsula Barataria, entre los que relata los siguientes:

> *"Nunca te guíes por la ley del encaje, que suele tener mucha
> cabida con los ignorantes que presumen de agudos." (II, 42)*

La ley del encaje es la forma de resolver las controver-
sias de modo arbitrario, se trata por lo tanto de una
práctica contraria a la de garantizar el principio de
seguridad jurídica, que debe concebirse como la posibilidad de prever las decisiones de los poderes públicos.
Esta posibilidad se daría, siempre y cuando, las normas
fueran claras y conocidas por sus destinatarios, lo que
permitiría que el ciudadano pudiera tener plena confianza en las leyes:

> *"Hallen en ti más compasión las lágrimas del pobre, pero no más
> justicia, que las informaciones del rico". (II, 42)*

Aquí el Ingenioso Hidalgo proclama la igualdad de
todos ante la Ley, sin distinción. Lo que Don Quijote
reclama es el respeto a la certeza del derecho, pues la

justicia no puede admitir depender del capricho de los que gobiernan, sino sólo de una norma clara y precisa:

"La inexorabilidad de la ley no puede ceder a los dictados del corazón"

"Cuando pudiere y debiere tener lugar la equidad, no cargues todo el rigor de la ley al delincuente, que no es mejor la fama del juez riguroso que la del compasivo". (II, 42)

El juzgador debe proceder con el equilibrio suficiente para no castigar al inocente y eximir al culpable. En opinión de Don Quijote, si se debiera de escoger entre el rigor de la ley y la condición compasiva del juzgador, nos deberíamos inclinar por la segunda opción:

"Si acaso doblares la vara de la justicia, no sea con el peso de la dádiva, sino con el de la misericordia". (II, 42)

Don Quijote pretende que se pueda manejar la Ley con misericordia, lo que permite adoptar decisiones equitativas, rechazando que dichas decisiones puedan responder a motivos espurios, como la aceptación de dádivas:

"Al que has de castigar con obras no trates mal con palabras, pues le basta al desdichado la pena del suplicio, sin la añadidura de las malas razones". (II, 42)

En este consejo destaca, especialmente, la necesidad de respetar la dignidad del reo, máxime en una época en la que lo normal era que la ejecución de las penas fuera acompañada de la infamia y la deshonra públicas, al exponer a los condenados al escarnio y a la burla.

2. La defensa de la libertad y el desacato a la autoridad

Don Quijote manifiesta un total desprecio por la autoridad y sus enfrentamientos con la misma son constantes en nombre de lo que es para él un imperativo moral superior: "la justicia" y, lucha con todas sus fuerzas por restablecer este valor cuando lo considera violado.

La desconfianza de Don Quijote hacia la administración de justicia propia de aquella época -siglo XVI- era evidente y, no nos debe de extrañar, puesto que la organización de la misma estaba configurada por un complejo entramado de órganos, competencias y funciones, caracterizado por desenvolverse en un escenario de corrupción generalizada de los empleados públicos administradores de la misma, donde el reo que no contara, entre sus posibilidades, para instrumentar a su favor todos los recursos legales posibles: una buena defensa o el dinero suficiente -para comprar al juez- o para pagar una fianza adecuada, acababa con sus huesos en prisión. Y es que por esa época se podía acabar en prisión por múltiples razones: deudas, como fue el caso del propio autor del Quijote, pendencias, hurtos, prevaricaciones, asesinatos, raptos, falta a la palabra dada de casamiento, estafas, prostitución, juego ilegal, trampas, fullerías etc.

Lo podemos apreciar en la reflexión que hace uno de los galeotes interrogado por Don Quijote en el Capítulo XXII de la Primera Parte.

"El tercero de los galeotes respondió a Don Quijote que iba por cinco años a las "señoras gurapas", por faltarle diez ducados, pues de haberlos tenido "hubiera untado con ellos la péndola del escribano y avivado el ingenio del procurador". (I. 22)

En defensa de su ideal de justicia, el temerario Hidalgo Don Quijote de la Mancha llega al desacato de los poderes, las leyes y los usos establecidos. Lo vemos en su primera salida, donde se enfrenta a un vecino del Quintanar -Juan Haldudo- que está azotando a uno de sus mozos, porque le pierde algunas de las ovejas que cuida, algo a lo que, según las costumbres de la época, tenía perfecto derecho el amo. Pero este derecho es intolerable para el valeroso desfacedor de agravios y sinrazones, que rescata al mozo reparando así lo que cree un abuso -apenas parte Don Quijote del lugar, el amo afrentado y, pese a sus promesas en contrario, vuelve a azotar al criado- (I, 4).

Lo volvemos a ver en la liberación de los galeotes del Capítulo XXII de la Primera Parte. Don Quijote tras interrogar a seis de los doce galeotes que componían "la cuerda de presos" para enterarse de los delitos que los habían llevado a tal situación y conocer la causa de su desgracia, no le parecen suficientes las razones que le han manifestado los presos para privarles de un bien tan preciado como la libertad, a pesar de ser grandísimos bellacos, tal como lo manifiesta Sancho, cuando confiesa al Cura de El Toboso en el Capítulo XXX de la Primera Parte, lo siguiente:

"El que hizo esa fazaña fué mi amo, y no porque yo no le dije antes y le avisé que mirase lo que hacía, y era pecado darles la libertad, porque todos iban allí por grandísimos bellacos". (I.30)

Pues a pesar de ello, Don Quijote decide liberar a los galeotes, restaurando unos derechos violados por una administración de justicia, que él considera corrupta y arbitraria.

Es evidente el ansia de libertad de Don Quijote, así como también la aversión contra la privación de la misma, tal y como se plasma claramente al inicio del Capítulo LVIII de la Segunda Parte, cuando le dice a Sancho:

"La libertad, Sancho, es uno de los más preciosos dones que a los hombres dieron los cielos; con ella no pueden igualarse los tesoros que esconde la tierra ni el mar encubre; por la libertad así como por la honra se puede y debe aventurar la vida, y por el contra-

rio el cautiverio es el mayor mal que puede venir a los hombres".
(II. 58)

Y, también, en el tan citado Capítulo XXII de la Primera Parte, donde Don Quijote pone de manifiesto su aversión contra la privación de la libertad en este comentario:

"Cuánto más, señores guardas -añadió don Quijote-, que estos pobres no han cometido nada contra vosotros. Allá se lo haya cada uno con su pecado; Dios hay en el cielo, que no se descuida de castigar al malo ni de premiar al bueno, y no es bien que los hombres honrados sean verdugos de los otros hombres, no yéndoles nada en ello". (I, 22)

La desconfianza de Don Quijote en la justicia, lo terminamos de comprobar en los enfrentamientos que mantiene con los cuadrilleros de la Santa Hermandad, del Capítulo XLV de la Primera Parte, que pretenden prenderle como salteador de caminos. Don Quijote de la Mancha a quien el cielo dotó de un ánimo blando y compasivo, inclinado siempre a hacer el bien a todos y el mal a ninguno (II, 15), se les encara con estas palabras:

"¿Saltear de caminos llamáis el dar la libertad a los encadenados, soltar a los presos, acorrer a los miserables, alzar los caídos, remediar los menesterosos...? Venid acá, ladrones en cuadrilla, que no cuadrilleros, salteadores de caminos con licencia de la Santa Hermandad; decidme: ¿Quién fué el ignorante que firmó el mandamiento de prisión contra tal caballero como soy yo?". (I, 45).

Don Quijote, ánimo de los desmayados y consuelo de todos los desdichados (II, 25) considera a la Santa Hermandad, como un peligro, dando ocasión para que califique a sus miembros como "gente soez y malnacida". Lo cual no nos debe de extrañar, pues la Santa Hermandad gozaba en aquel tiempo de un inmenso poder que llevaba al abuso, dado que tenía la potestad de juzgar de modo sumario, usar la tortura, admitir la denuncia anónima y juzgar incluso al reo ausente.

En resumidas cuentas, la confianza de Don Quijote en la justicia es nula, lo que pone de manifiesto en aquella famosa alocución que hace a los galeotes en el Capítulo XXII de la Primera Parte:

> *"De todo cuanto me habéis dicho, hermanos carísimos, he sacado en limpio que aunque os han castigado por vuestras culpas, las penas que vais a padecer no so dan mucho gusto y que vais a ellas muy de mala gana y muy contra vuestra voluntad y que podría ser que el poco ánimo que aquel tuvo en el tormento, la falta de dineros de éste, el poco favor del otro y, finalmente, el torcido juicio del juez, hubiese sido causa de vuestra perdición y de no haber salido con la justicia que de vuestra parte teníades". (I, 22).*

Vemos, que Don Quijote manifiesta sin recato alguno la corruptibilidad de una Administración de Justicia entregada en aquellos tiempos a la prevaricación y al cohecho.

3. El difícil encaje de la justicia ideal de Don Quijote en la realidad social de su tiempo

Don Quijote tiene una visión de la justicia humana ideal, que revela toda clase de dudas sobre la aplicación en la práctica de la misma, lo que le lleva a adoptar acciones de protesta frente al poderoso, que conducen a lo contrario de lo que busca -a la injusticia- pues el bien que pretende conseguir con sus intervenciones en favor de la justicia, no se concreta nunca en la realidad, porque Don Quijote pretende una libertad sin justicia y eso no es posible de compaginar.

Lo podemos comprobar en la liberación del mozo que estaba siendo azotado por su amo Juan Haldudo, cuando meses después vuelve a encontrarse con Don

Quijote en el Capítulo **XXXI** de la Primera parte y le recrimina que le hubiera liberado con estas palabras:

> *"Por amor de Dios, señor caballero andante, que si otra vez me encontrase, aunque vea que me hacen pedazos, no me socorra, ni ayude, sino déjeme con mi desgracia; que no será tanta, que no sea mayor la que me vendrá de su ayuda de vuestra merced, á quien Dios maldiga, y á todos cuantos caballeros andantes han nacido en el mundo". (I, 31).*

Y tiene razón Andrés -que así se llamaba el mozo apaleado por su amo- como él mismo manifiesta cuando dice que si no hubiera intervenido Don Quijote, su amo se hubiera contentado con darle algunas docenas de azotes por sus descuidos y luego le hubiera pagado lo que le debía (Capítulo **XXXI** de la Primera Parte). La intervención de Don Quijote le supuso al mozo que su amo le moliera a palos, no le pagara lo que le debía y le despidiera de su trabajo. Esto fue lo que consiguió Don Quijote con su acción en favor de su idea de la justicia: una injusticia mayor.

Lo volvemos a comprobar en la liberación de los galeotes, donde Don Quijote pide a éstos que se dirijan, cargados de sus cadenas, al Toboso, y cuenten a su señora Dulcinea lo que su caballero ha hecho por ellos:

> *"...en pago del cual querría y es mi voluntad, que, cargados de esas cadenas que quité de vuestros cuellos, luego os pongáis en camino y vayáis a la ciudad del Toboso, os presentéis ante la señora Dulcinea del Toboso y le digáis que su caballero, el de la Triste Figura, se le envía a encomendar, y le contéis punto por punto todos los que ha tenido esta famosa aventura hasta poneros en la deseada libertad; y, hecho esto, podréis ir donde quisiéredes". (I, 22).*

Los liberados se niegan, explicando que están obligados a huir y perderse por los caminos para que no los encuentre la justicia. Esto enfada tanto al caballero andante, que alza su lanza para vengar el agravio recibido y acaba siendo apedreado por los mismos a quien tanto bien había hecho y, por supuesto, los liberados huyen y continúan con sus fechorías.

Por estas acciones Don Quijote está a punto de acabar con sus huesos en prisión, como podemos comprobar en el desacato al poder de la Santa Hermandad en su enfrentamiento con los cuadrilleros de aquella:

> *"En tanto que Don Quijote esto de día, estaba persuadiendo el Cura á los cuadrilleros como Don Quijote era falto de juicio, como lo veían por sus obras y por sus palabras, y que no tenían para qué llevar aquel negocio adelante, pues aunque le prendiesen y llevasen, luego le habían de dejar por loco; á lo que respondió el del mandamiento que á él no le tocaba juzgar de la locura de Don Quijote, sino hacer lo que por su mayor le era mandado y que una vez preso, siquiera le soltasen trescientas ". (I, 46).*

En efecto, gracias a la insistencia del Cura de El Toboso que pudo persuadir a los cuadrilleros, Don Quijote de la Mancha, la flor y la nata de la gentileza, el amparo y remedio de los menesterosos, la quinta esencia de los caballeros andantes (I, 19), no acabó preso por sus muchos desvaríos.

Como conclusión, podemos decir que todo lo que acontece a Don Quijote evidencia que aunque la justicia humana diste mucho de ser perfecta, mucho peor es que el individuo se tome la misma por su mano y trate de imponer la suya propia, por muy altruistas y desinteresados que sean sus planteamientos. La aplicación de una justicia ideal, como la que pretende Don Quijote, no es suficiente para cambiar el mundo, es una mera utopía que dista mucho de la realidad, porque no se puede luchar contra las injusticias dando lugar a nuevas clases de las mismas. Los cuatro puntos cardinales en la flaqueza judicial de Don Quijote: reflejo inevitable sobre el fondo de su lógica extraviada, intrusiones profesionales en la jurisdicción, apasionado atropello del trámite y coacción ilusoria.

En todo caso, hay que decir en defensa de las acciones, que con tanta insensatez acomete Don Quijote, que todas ellas están realizadas atendiendo a las leyes de caballería, "dar libertad al forzado", como lo podemos comprobar en esta frase que nuestro caballero andante dice a su Escudero Sancho, cuando éste le recrimina haber liberado a los galeotes.

> *"a los caballeros andantes no les toca ni atañe averiguar si los afligidos, encadenados y opresos que encuentren por los caminos, van de aquella manera o están en aquella angustia por sus culpas o por sus gracias; sólo les toca ayudarles como menesterosos"* (I, 30).

Bibliografía

ALARIO DI FILIPPO, Mario., "La justicia en el Quijote". Universitas (Bogotá), 49 (1975), 19-30. [También en Boletín de la Academia Colombiana, 15 (1965), 106-114].

MARTIN NIETO, Evaristo., La Leccion Penitenciaria de Don Quijote. REVISTA DE ESTUDIOS PENITENCIARIOS Número 232-235 / Octubre de 1981

MÁRQUEZ VILLANUEVA, Francisco (1975). Personajes y temas del «Quijote». Madrid: Taurus.

ORTEGA Y GASSET, José, (2005) [1914]. Meditaciones del «Quijote». Madrid: Alianza Editorial.

RIQUER MORERA, Martín de (1993) [1967]. Aproximación al «Quijote». Barcelona: Teide.

RODRIGUEZ MARIN, Francisco. El capítulo de los galeotes. Apuntes para un estudio cervantino, Conferencia en la Junta de Ampliación de Estudios. Madrid 1912.

ROSALES, luis (1996) [1960]. Cervantes y la libertad. Madrid: Trotta.

SALAZAR RINCÓN, JAVIER., (1986). El mundo social del Quijote. Madrid: Gredos.

SALILLAS, Rafael "La criminalidad y la penalidad en el Quijote", El Ateneo de Madrid en el III centenario de la publicación de "El ingenioso hidalgo", Imprenta de Bernardo Rodríguez, Madrid, 1905, pp. 85-118

TORRES MÉNDEZ, Miguel. Don Quijote como modelo de juez o el triunfo de la caballería medieval como actitud justiciera. REVISTA PERUANA DE DERECHO Y LITERATURA, N° 1, 2006, Lima

UNAMUNO, Miguel de (2005) [1905]. Vida de don Quijote y Sancho, según Miguel de Cervantes Saavedra, explicada y comentada. Madrid: Alianza Editorial.

Sobre el autor

JAVIER NISTAL BURÓN, es jurista-criminólogo y pertenece al Cuerpo Superior de Instituciones penitenciarias; cuerpo de la Administración penitenciaria en el que ingresó por oposición en el año 1983. Después de realizar los estudios de bachillerato en su ciudad natal (León) cursó la carrera de Derecho en la Universidad de Oviedo y, posteriormente, la Diplomatura de Criminología en la Universidad complutense de Madrid.

Su actividad profesional ha estado repartida entre las ciudades de A Coruña, lugar de su primer destino como funcionario, Valladolid donde estuvo destinado casi trece años, el mayor tiempo de los cuales ocupó el puesto de Subdirector de Tratamiento del centro penitenciario de esta ciudad, hasta que en el año 1996, se traslada a Madrid, para ocupar el puesto de Subdirector General de Gestión Penitenciaria, puesto de trabajo en el que permanece hasta mayo del año 2004. Después de siete años en otros destinos de la Administración pública, en enero del año 2012, ha vuelto a ocupar el anterior destino de Subdirector general en la Secretaría General de Instituciones Penitenciarias (Ministerio del Interior).

Compagina su actividad profesional con el estudio, habiendo publicado más de un centenar de artículos doctrinales, la mayor parte de ellos relacionados con su actividad profesional -el derecho penitenciario-. Es coautor de los libros "Manual de Derecho Penitenciario" (Aranzadi). "La historia de las Prisiones. De Hamurabi a la Cárcel Electrónica" (Tirant Lo Blanch) y el "Derecho Penitenciario" (Aranzadi). Es asimismo autor de libro "El Sistema Penitenciario Español de un Vistazo (Criminología y Justicia), de consulta obligada para quienes quieran conocer la problemática del cumplimiento de las penas privativas de libertad en España, "El Cine. A la Reflexión por la Ficción" (Criminología y justicia), libro donde se hace un repaso de temas cinematográficos tan sugerentes como la esclavitud, el sistema judicial, el sistema educativo etc y, por último, es autor también de libro "La Responsabilidad Patrimonial de la Administración Penitenciaria" (Tirant Lo Blanch), donde se aborda esta problemática jurídica conforme a las últimas reformas legales habidas en la materia. También, ha colaborado en diversas obras colectivas, entre ellas: "Derecho Penitenciario: Enseñanza Y Aprendizaje" (Tirant Lo Blanch), "El Cine Carcelario" (Tirant Lo Blanch), "Tratado de Mediación en la Resolución de Conflictos" (Tecnos) y "Sistema Penitenciario y Nuevas Tecnologías" (Lex Artis)

Por último, ha participado en la actividad docente en materia penitenciaria, siendo habitual colaborador de seminarios, jornadas y cursos, y también, ha colaborado como experto en diversos Programas de intercambio internacional en cuestiones relacionadas con la ejecución penal.

Novedades editoriales

JÓVENES PROMESAS EN CRIMINOLOGÍA, 2015-2016

Jóvenes promesas en Criminología compila algunos de los mejores Trabajos de Final de Grado en Criminología desarrollados durante el curso 2015-2016 en las universidades españolas, los cuales han sido seleccionados por un Comité Académico formado por expertos en Criminología y ciencias afines.

SAPOS CRIMINOLÓGICOS PARA PRINCESAS Y PRÍNCIPES CON PROBLEMAS DE CRIMINALIDAD

¿Recordáis aquellas viejas historias donde se denostaba al sapo, pero este más tarde se descubría como un ser, no sólo bello, sino inteligente, resolutivo y adorado? ¿Y esos príncipes y princesas, que necesitaban conocer bien al sapo para decidirse a besar sus labios y convertirlo en otro ente que, ahora sí, pudiera desatar todo su potencial? Imaginad una ciencia -la Criminología: el sapo- que sólo desea mejorar la vida de esas princesas y príncipes -vosotros, la sociedad-. Tan sólo os pedimos un beso -que nos permitáis hacer nuestro trabajo y que apostéis por nuestras aportaciones-, y nosotros nos encargamos del resto. De eso, de qué maneras ya nos abrimos paso, trata este metafórico libro.

LA IDONEIDAD DEL CRIMINÓLOGO EN LA ADMINISTRACIÓN PENITENCIARIA

Manuel Fanega elabora un estudio científico de la figura del criminólogo y su potencial en la Administración Penitenciaria, y se arma para ello de argumentos sólidos basados en información objetiva relevante.

Se trata de una muestra patente de la forma en que un criminólogo, como científico social que es, debe abordar los problemas a los que se enfrenta. Su aproximación toma como referencia puntos de indudable solidez: la regulación pasada y actual de las diferentes figuras profesionales existentes en dicha Administración y conectadas con la Criminología, los programas de estudio que el criminólogo cursa en diferentes universidades españolas y un conocimiento detallado del entramado organizativo penitenciario, tanto de los servicios periféricos como de los centrales.

Una singularidad en este estudio es la capacidad del autor de llevar sus razonamientos hasta sus últimas consecuencias.

No se contenta, pues, con problematizar el asunto, con

poner de manifiesto incoherencias o con defender pretensiones irreales o idealistas. Más bien al contrario, haciendo un ejercicio de pragmatismo y coherencia realiza propuestas específicas de rediseño institucional de manera que dota a su análisis de una mayor capacidad para afectar a la realidad administrativa actual.